The Wheels

The Friendship Race

Járgányok

A barátságverseny

Inna Nusinsky

Illustrations by Michael Jay Roque

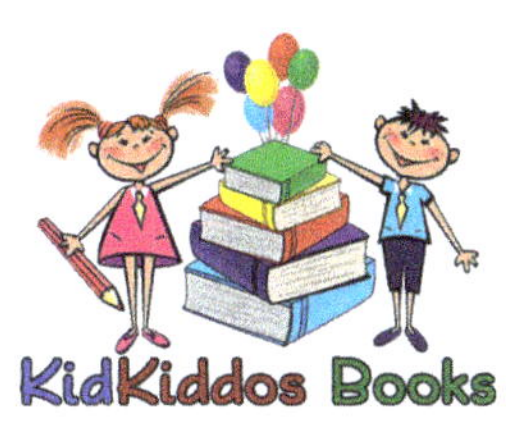

www.kidkiddos.com

support@kidkiddos.com

Second edition

Translated from English by Anita Estes
Angolról fordította: Anita Estes
Hungarian editing by Szilvia Szanyi
A magyar szöveget szerkesztette: Szanyi Szilvia

Library and Archives Canada Cataloguing in Publication Data
The Wheels: The Friendship race (Hungarian Bilingual Edition)
ISBN: 978-1-5259-4834-3 paperback
ISBN: 978-1-5259-0758-6 hardcover
ISBN: 978-1-5259-0756-2 eBook

Please note that the Hungarian and English versions of the story have been written to be as close as possible. However, in some cases they differ in order to accommodate nuances and fluidity of each language.

Jonny the car looked at himself in the shop window. How handsome he was! And what speed – he could beat even race cars!

Jonny, az autó a kirakatüvegben nézegette magát. Milyen jóképű! És milyen gyors – még versenyautókat is legyőzhetne!

"I'm the pride of the neighborhood," he yelled.

– A környék büszkesége vagyok! – kiáltotta.

Just then, two braking sounds broke his daydream.

Ekkor két hangos fékezés szakította félbe álmodozását.

There were his friends: Mike the bike and Scott the scooter.

A barátai voltak, Mike, a bicikli és Scott, a roller.

"Hey Jonny!" his friends said. "What's up?"

– Hé, Jonny! – mondták a barátai. – Mi a helyzet?

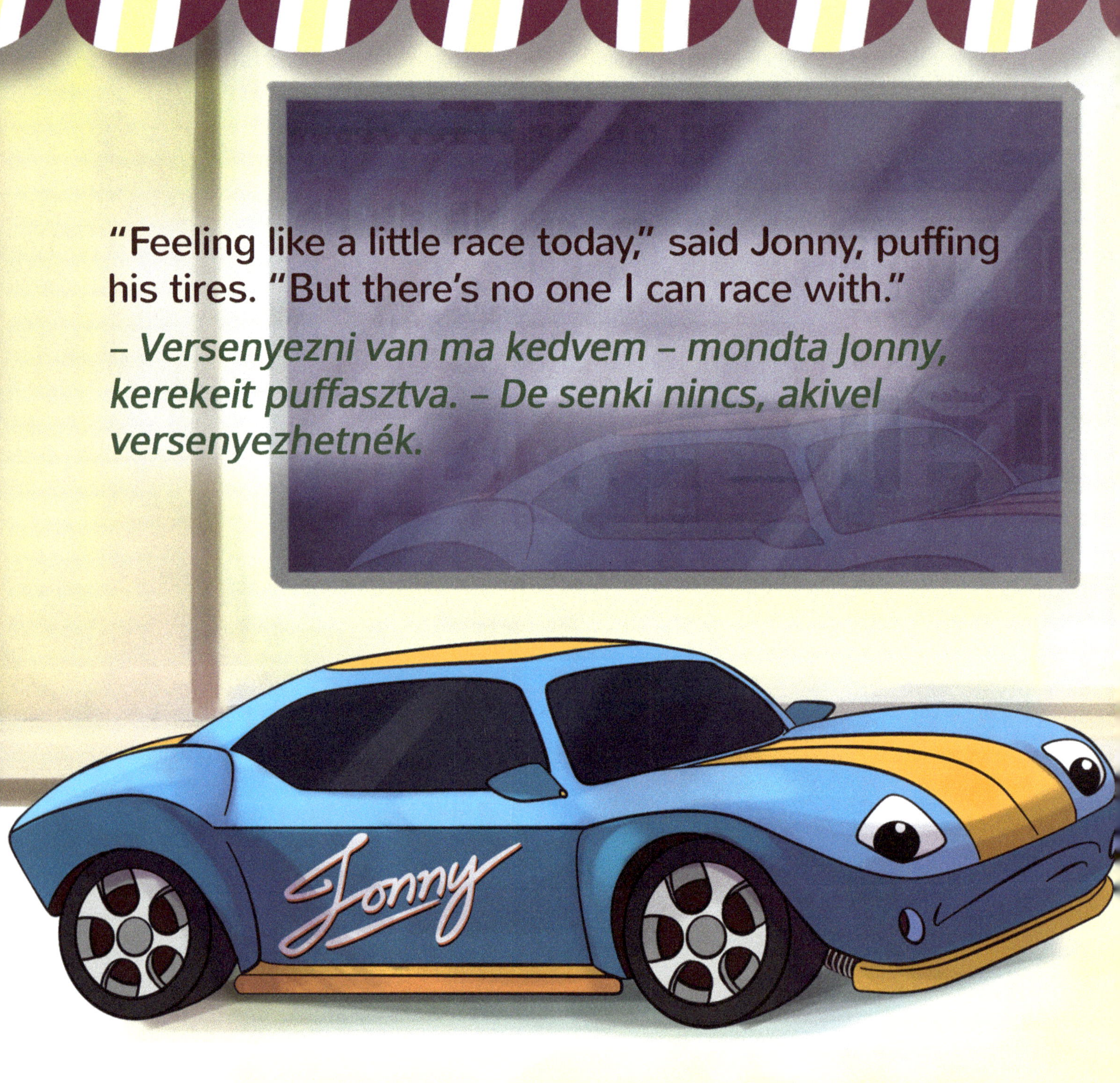

"Feeling like a little race today," said Jonny, puffing his tires. "But there's no one I can race with."

– Versenyezni van ma kedvem – mondta Jonny, kerekeit puffasztva. – De senki nincs, akivel versenyezhetnék.

"We can race with you!" said Mike with excitement.

– Mi versenyezhetünk veled! – mondta Mike izgatottan.

"That's what friends are for!" added Scott.

– Erre valók a barátok! – tette hozzá Scott.

Jonny didn't show much enthusiasm. "Mmm... A champion needs an equal to compete with."

Jonny nem sok lelkesedést mutatott. – Hmm... Egy bajnoknak vele egyenrangúval kell versenyeznie.

Mike and Scott looked at each other.

Mike és Scott egymásra néztek.

"Are we not good?" asked Mike.

– Mi nem vagyunk elég jók neked? – kérdezte Mike.

"Oh, you're good," Jonny made a face in the glass window. "But not good enough."

– Ó, jók vagytok – felelte Jonny, az üvegablakban grimaszolva. – De nem a legjobbak.

"Okay, Jonny," said Scott. "We challenge you to a race right now! Let's do Hill Road and see who finishes first."

– Oké, Jonny – mondta Scott. – Kihívunk egy versenyre! Menjünk végig a Dombos utcán és lássuk, ki nyer.

Jonny considered it with a smirk.

Jonny önelégülten vigyorogva beleegyezett.

As they reached Hill Road, the race began.

Amint elérték a Dombos utcát, elindult a verseny.

It started with a steep climb. Jonny roared and in seconds was over the incline.

Egy meredek emelkedővel kezdődött. Jonny feldübörgött és másodpercek alatt túl volt az emelkedőn.

Mike the bike was already half way... But poor Scott the scooter was huffing and puffing, slowly climbing up.

Mike, a bicaj már félúton volt... De szegény Scott, a roller fújtatott és lihegett, ahogy lassan mászott fel a dombra.

Jonny

Jonny reached the hill and stopped. He looked at the rearview mirror – his friends were far behind.

Jonny felért a dombra és megállt. A visszapillantó tükörbe nézett – barátai messze lemaradtak.

He was bored. At least the music on the radio was good! He closed his eyes and started moving to the beat.

Unatkozott. De legalább jó zene szólt a rádióban! Becsukta a szemét és elkezdett az ütemre mozogni.

Suddenly, something whirred past him. There was only smoke. Mike?

Hirtelen elzúgott mellette valami. Csak porfelhő maradt utána. Mike?

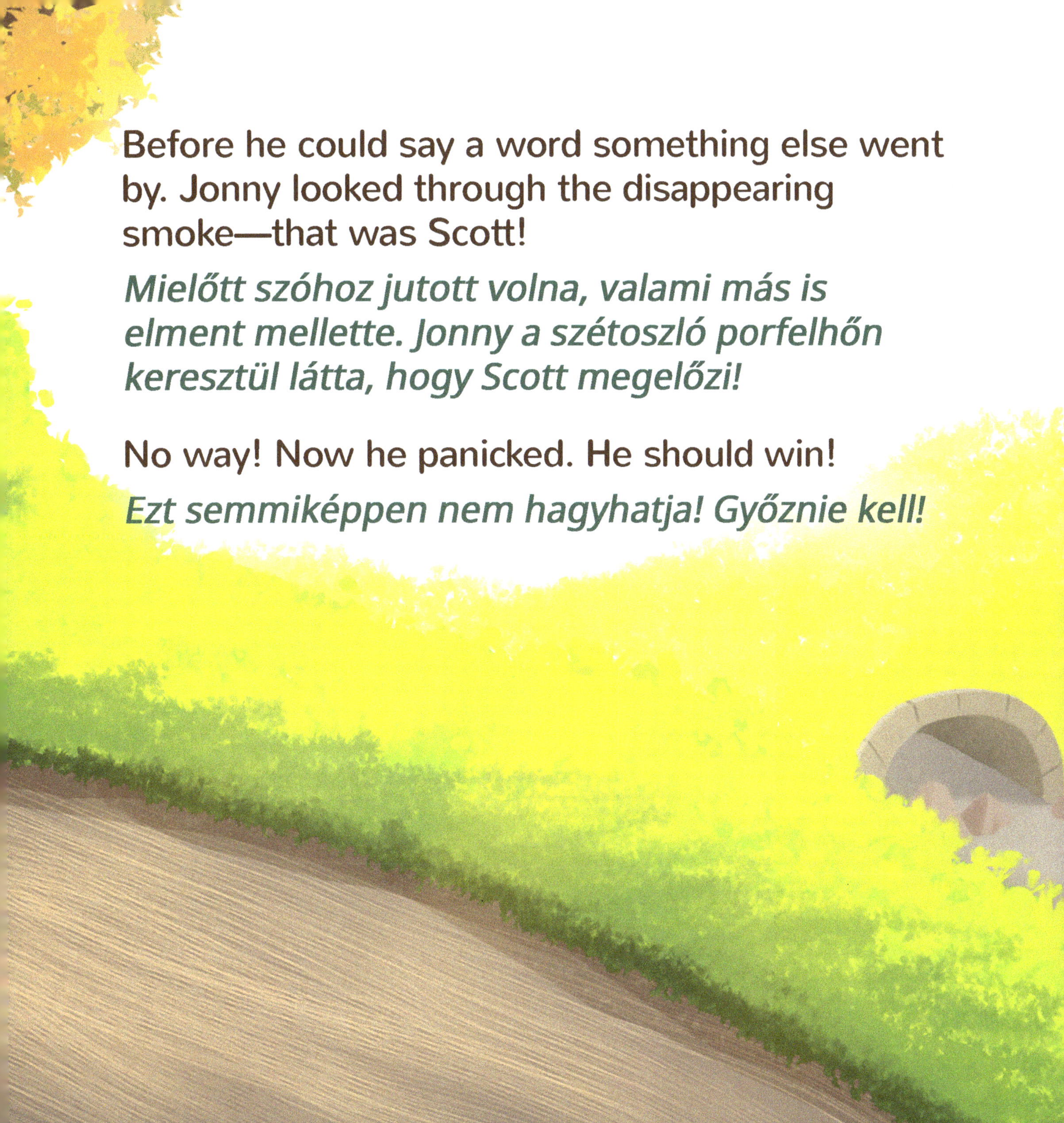

Before he could say a word something else went by. Jonny looked through the disappearing smoke—that was Scott!

Mielőtt szóhoz jutott volna, valami más is elment mellette. Jonny a szétoszló porfelhőn keresztül látta, hogy Scott megelőzi!

No way! Now he panicked. He should win!

Ezt semmiképpen nem hagyhatja! Győznie kell!

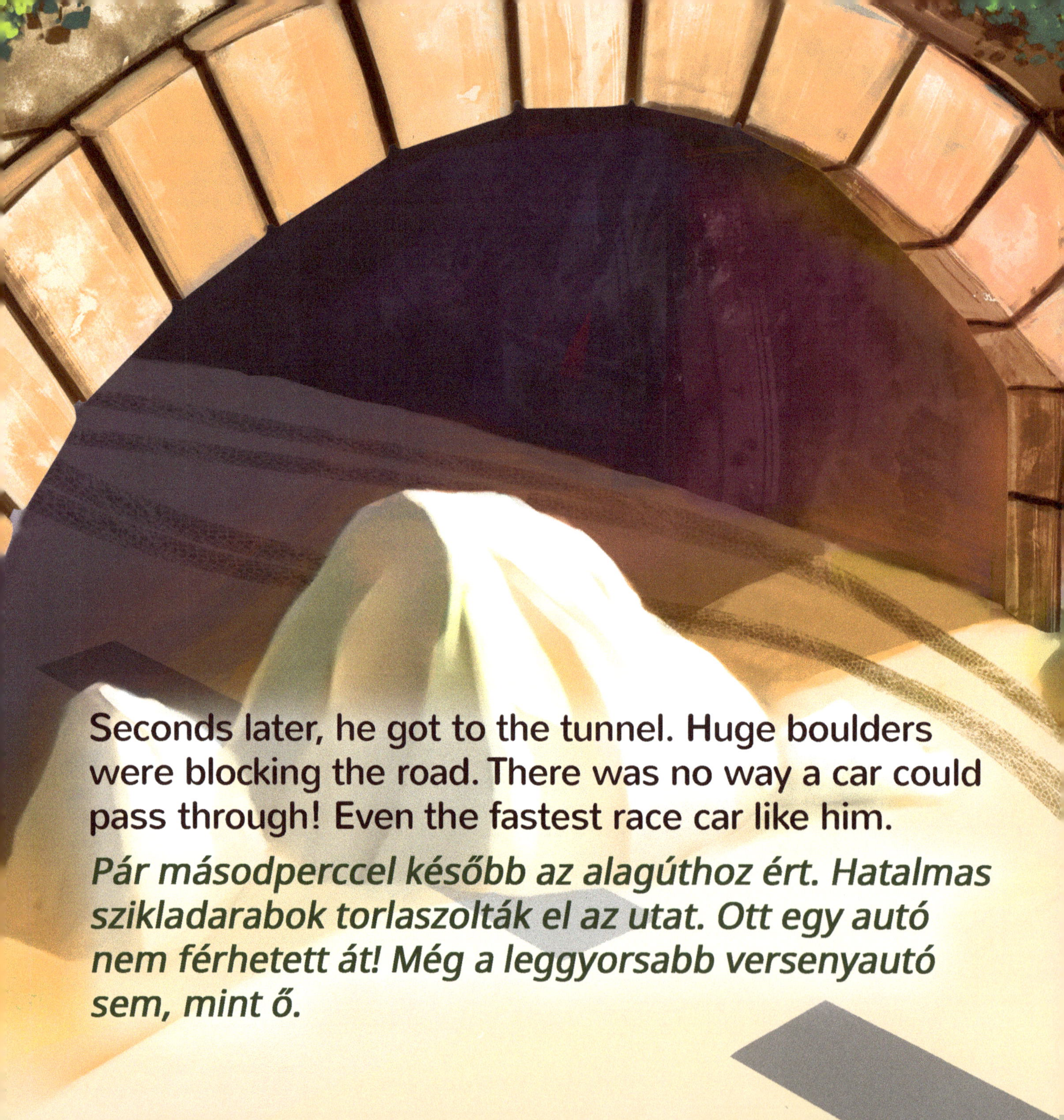

Seconds later, he got to the tunnel. Huge boulders were blocking the road. There was no way a car could pass through! Even the fastest race car like him.

Pár másodperccel később az alagúthoz ért. Hatalmas szikladarabok torlaszolták el az utat. Ott egy autó nem férhetett át! Még a leggyorsabb versenyautó sem, mint ő.

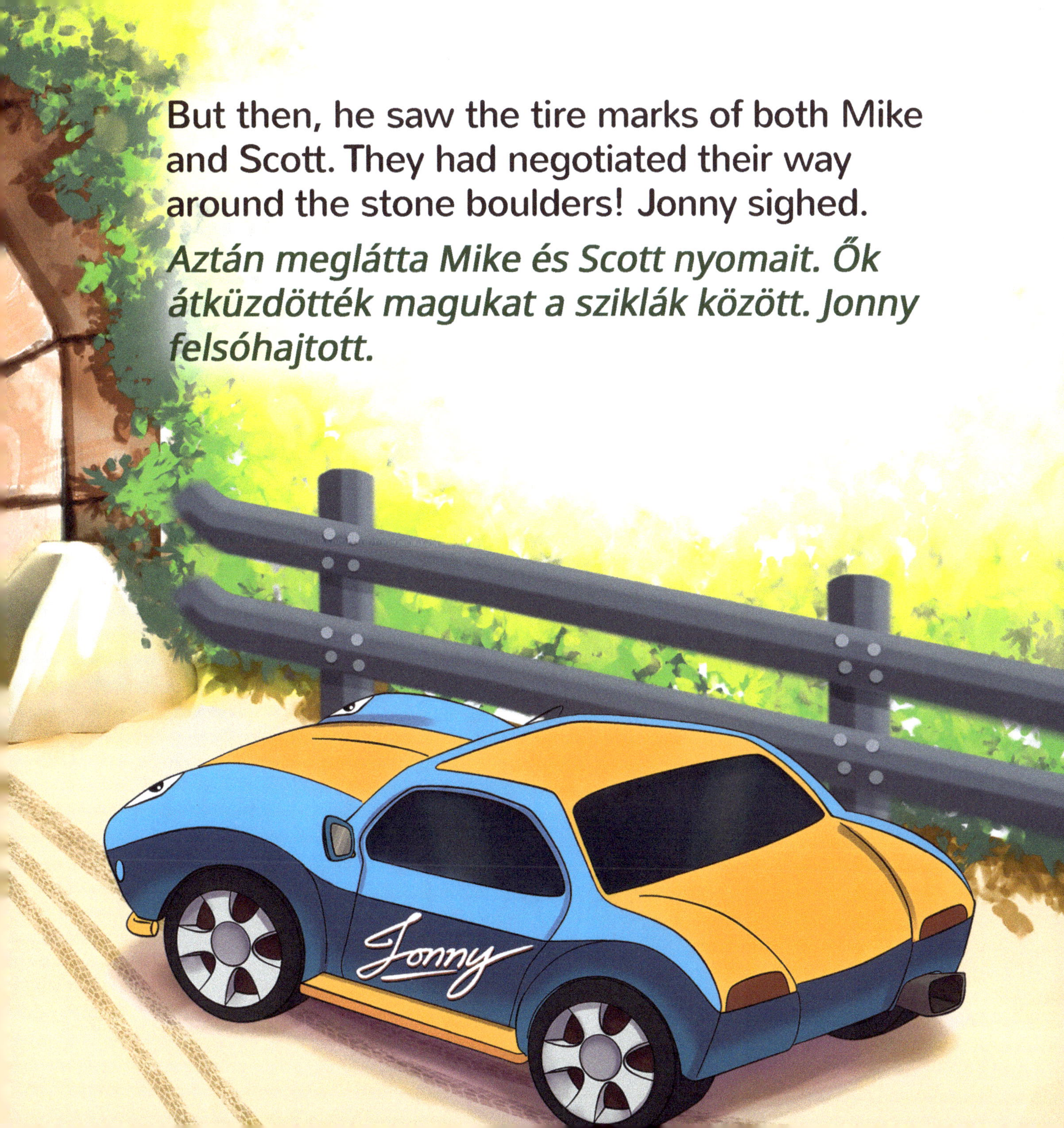

But then, he saw the tire marks of both Mike and Scott. They had negotiated their way around the stone boulders! Jonny sighed.

Aztán meglátta Mike és Scott nyomait. Ők átküzdötték magukat a sziklák között. Jonny felsóhajtott.

Meanwhile, Mike came out on the other side of the tunnel. He was leading.

Közben Mike kiért az alagút másik végén. Ő vezetett.

What kind of a win is that when your friends lose? he thought.

Mit ér a győzelem, ha a barátaid veszítenek? – gondolta.

In seconds, Scott was next to him.

Másodpercek múlva Scott ott termett mellette.

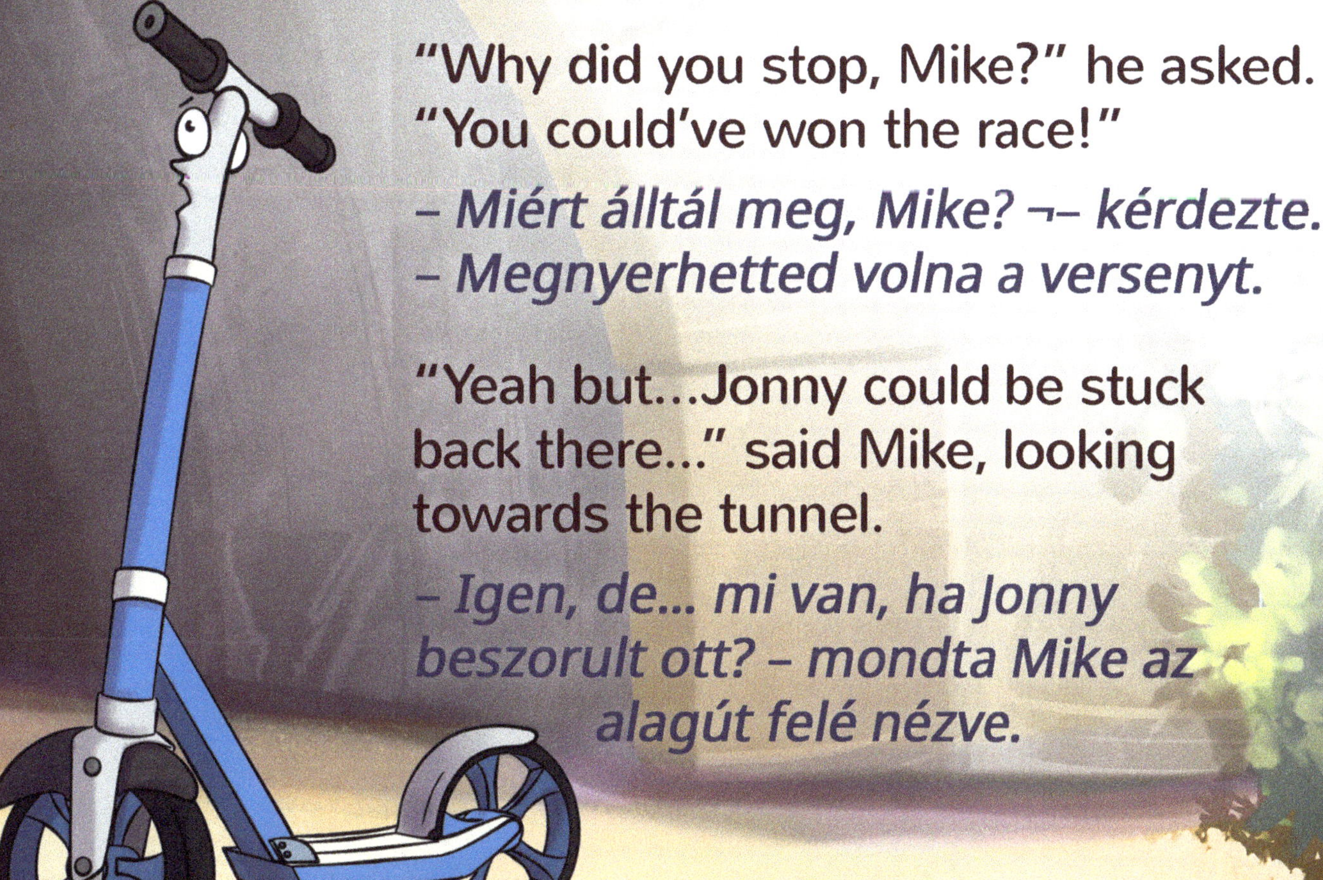

"Why did you stop, Mike?" he asked. "You could've won the race!"

– Miért álltál meg, Mike? ¬– kérdezte. – Megnyerhetted volna a versenyt.

"Yeah but…Jonny could be stuck back there…" said Mike, looking towards the tunnel.

– Igen, de… mi van, ha Jonny beszorult ott? – mondta Mike az alagút felé nézve.

A moment of silence passed by.

Egy darabig csendben voltak.

"Shall we go to check up him?" Scott asked.

– Megnézzük? – kérdezte Scott.

A smile formed on Mike's face. "Let's go!" he yelled and turned back.

Mike elmosolyodott.
– Menjünk! – kiáltotta és visszafordult.

At the blocked tunnel, Jonny was sad. Not because he was losing the race but because he was lonely.

Jonny az eltorlaszolt alagútnál búslakodott. Nem azért, mert elvesztette a versenyt, hanem mert magányos volt.

Suddenly—sound of wheels. Those were Scott and Mike!

Hirtelen kerekek hangját hallotta. Scott és Mike voltak azok!

"Mike, Let's move these boulders so Jonny can pass," said Scott.

– Mike, görgessük arrébb ezeket a sziklákat, hogy Jonny is átférjen – mondta Scott.

The friends started to work together, pushing the rocks out of the way.

A barátok összefogtak és eltolták a nagy köveket az útból.

Jonny

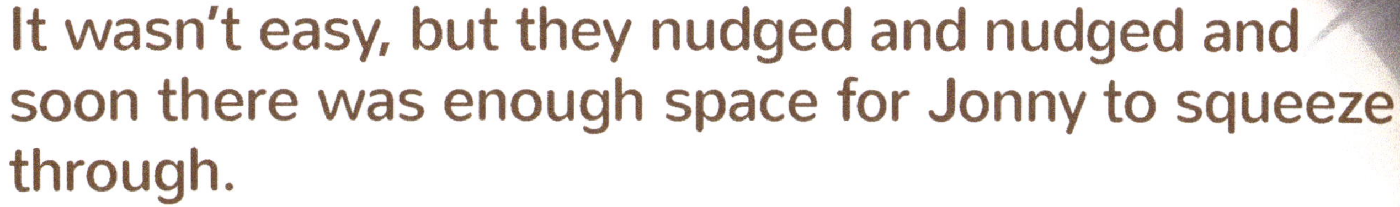

It wasn't easy, but they nudged and nudged and soon there was enough space for Jonny to squeeze through.

Nem volt könnyű, de tolták, taszigálták a köveket, és hamarosan elég hely lett, hogy Jonny átférjen.

Giggling, they reached the end of Hill Road.

Kuncogva érték el a Dombos utca végét.

"We've won the race—all of us!" exclaimed Mike and Scott.

– Megnyertük a versenyt, mindannyian! – kiáltotta Mike és Scott.

Only Jonny was quiet. “I behaved badly with you,” he admitted. “I realized it late, guys that together we can do much more. Thank you, my friends, for helping me understand that!”

Csak Jonny volt csendes.
– Nagyon csúnyán viselkedtem veletek – ismerte el. – De rájöttem, srácok, hogy együtt sokkal többre vagyunk képesek. Köszönöm, barátaim, hogy segítettetek nekem ezt megérteni!

Suddenly, there was applause, cheering for this wonderful bunch of three terrific friends.

Hirtelen taps hangzott fel, ünnepelve a három fantasztikus jó barátot.

Friends who discovered that none of them was as good as all of them.

Barátok, akik rájöttek arra, hogy együtt sokkal jobb, mint egyedül.

www.ingramcontent.com/pod-product-compliance
Lightning Source LLC
LaVergne TN
LVHW071726230826
846093LV00024B/539

9781525948343